RÉFUTATION

COLONNE MOBILE DE TOURS

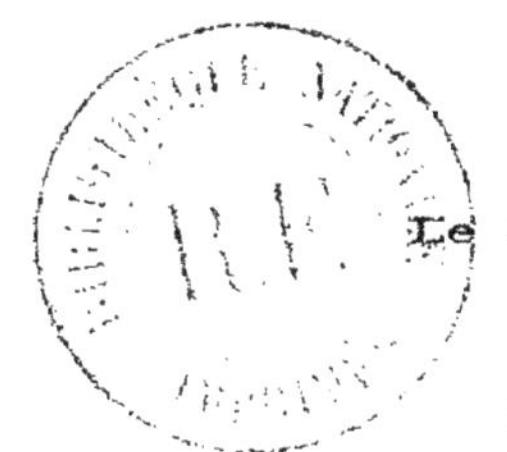

Commandant en chef :

Le Lieutenant-Général PISANI.

Commandement des Brigades :

PREMIÈRE BRIGADE : Colonel CLÉRET, Commandant supérieur des Gardes
nationales mobilisées de Maine-et-Loire ;

DEUXIÈME BRIGADE : Colonel HUOT, Commandant supérieur des Gardes
nationales mobilisées de Seine-et-Marne et auteur du présent récit sur
le combat de Notre-Dame-d'Oé, affaire de Monnaie, près de Tours
(Indre-et-Loire), le 20 décembre 1870.

Malgré les tristes et déplorables événements qui aggra-
vent le deuil de la nation, et ma répugnance à entretenir le
public dans un but personnel, pages qui, du reste, appar-
tiennent désormais au domaine de l'histoire, je ne puis
garder le silence en présence des basses calomnies de tout
genre, dont ma conduite, dans cette dernière guerre, devait
me mettre complétement à l'abri, surtout par vingt années
de services antérieurs dans l'armée, de nombreuses cam-
pagnes, par une bravoure éprouvée, connue et justifiée par
de remarquables citations à l'ordre du jour, et ayant la
ferme conviction d'avoir bien mérité du pays dans cette
campagne : Je m'étais trompé, j'avais compté sans les vices
et la méchanceté des pervers.

En présence de l'envahissement du sol de la patrie par
les Allemands, quoique libre et indépendant, n'ayant point
à craindre, par mon âge, d'être appelé à aucun service et

par pur patriotisme, je demandai un commandement au Gouvernement de la Défense nationale. Le ministre de la guerre et de l'intérieur me nommait, le 9 octobre 1870, commandant supérieur de douze bataillons organisés des gardes nationales mobilisées de Seine-et-Marne.

Je me suis aussitôt mis à l'œuvre, mais la reddition de Metz et nos contrées envahies ne me permirent pas cette complète organisation, et ce n'est qu'à travers les lignes ennemies que je pus réunir à grand'peine, le 2 novembre, 1,500 hommes de l'arrondissement de Fontainebleau.

Après l'affaire de Nemours, du 14 novembre, je fus forcé de quitter le département et de me replier sur Montargis, devant les nombreux bataillons ennemis qui envahissaient complétement tout le pays. Peu de jours après, j'étais di-rigé sur Nevers, où j'espérais pouvoir nous organiser, mais un ordre m'appelait presqu'aussitôt à Tours, avec ma faible légion.

L'ennemi s'avançait rapidement et ne tardait pas à s'emparer de Vendôme, Blois, Amboise et jusqu'à Château-renault ; alors commença pour la légion un service actif qui, d'un moment à l'autre, devait avoir pour conséquence de nous placer en présence de l'ennemi et de le combattre. De ce fait, je fus déclaré coupable de mener mes jeunes gens au feu, sans vouloir se rendre compte que j'obéissais à des ordres supérieurs, et que c'était, du reste, le seul moyen de repousser les Prussiens du sol, mon plus ardent désir et mon espérance.

Mes calomniateurs, trouvant sans doute que l'accusation manquait son but et ne répondait pas suffisamment à leurs mauvais sentiments à mon égard, m'attaquèrent dans mon honneur militaire, afin de mieux m'atteindre. Ils n'atten-daient que le moment propice pour changer leur tactique machiavélique et soulever contre moi l'indignation et la ré-probation des populations.

Le combat de Notre-Dame-d'Oé, auquel je commandais en chef, leur parut favorable pour lancer contre moi des accusations aussi malveillantes que ridicules, et osèrent avancer que je m'étais sauvé pendant la bataille, que j'étais dans les cafés et, finalement, que j'avais trahi... et j'en passe. Ils ont, m'a-t-il été répété, réussi en partie près des crédules, dans leur stratagème, tandis que je combattais pour leurs foyers.

Appelé au commandement d'une brigade, je recevais l'ordre de service ainsi conçu, dont la connaissance trouvera son importance pour asseoir d'une manière indiscutable le développement de mes opérations militaires :

Ordre de service.

La 2ᵉ brigade de la colonne mobile de Tours se portera sur la rive droite de la Loire pour prendre position à Notre-Dame-d'Oé, dans la *journée* du 20 décembre 1870

Elle sera placée sous les ordres de M. le colonel Huot, commandant supérieur de la légion de Seine-et-Marne.

La 23ᵉ batterie du 7ᵉ régiment d'artillerie marchera avec la 2ᵉ brigade.

Tours, le 18 décembre 1870.

Le général commandant la 18ᵉ division militaire.
Par ordre, le chef d'état-major,

MEIGNIEZ.

La première brigade était venue occuper le camp de Notre-Dame-d'Oé, dans la journée du 19, et dès le matin du 20, elle s'était portée en avant sur Monnaie, sous les ordres du général en chef, qui y rencontra l'ennemi en nombre et en position.

Ce même jour, 20, à huit heures du matin, je me mettais en marche avec ma brigade pour Notre-Dame-d'Oé, où j'arrivai vers les onze heures, sans recevoir de nouveaux ordres et sans nouvelles de la 1re brigade. Déjà mes troupes étaient rangées en bataille dans les rues du camp, prêtes à prendre possession des barraques, quand j'aperçus, à 300 mètres sur ma droite, à la gare du lieu, des éclaireurs uhlans ; je fis partir immédiatement, pour les déloger, deux compagnies de la mobile de la Mayenne, et mon escorte de vingt dragons, sous la conduite de leur officier ; quelques uhlans furent tués et un officier me fut amené prisonnier.

En même temps, je faisais occuper les hauteurs de Chanceaux par un demi-bataillon de zouaves, que je fis appuyer par le 2e bataillon de Seine-et-Marne, laissant le premier bataillon au camp, et envoyant son commandant, *le chef de bataillon Jean*, au galop de son cheval, par la route, jusqu'à la hauteur des zouaves, pour examiner la position. Il revint aussitôt en m'annonçant qu'à 1,500 mètres au-delà de ma première ligne, une forte colonne ennemie se défilait derrière des plis de terrain, et était en partie massée sur la route, tandis que ses tirailleurs gravissaient les pentes et cherchaient à se rapprocher de nos lignes.

Sur ces renseignements, je donnai l'ordre au capitaine d'artillerie Commaille d'envoyer sur ce point deux pièces qu'il plaça sous le commandement de M. le lieutenant d'artillerie de Berny, pendant que je me portais en avant, à la tête du bataillon des mobiles de la Mayenne, pour les appuyer. Après une courte canonnade, qui mit du désordre dans les rangs des colonnes ennemies, celles-ci battirent en retraite et leurs tirailleurs suivirent le mouvement.

Sur ces entrefaites, j'aperçus, à 2 kilomètres sur ma droite, des lignes éparses et compactes à travers la campagne et sur la route de Monnaie à Tours. C'étaient les troupes de la 1re brigade qui opéraient leur retraite.

Le général en chef, informé de ma présence au lieu qu'il

m'avait indiqué, et que j'étais engagé avec l'ennemi, m'envoya l'ordre de me replier; j'abandonne, sur cet ordre, mes positions et le camp, en opérant ma retraite sur Tours et couvrant celle de la première brigade, sans être nullement inquiété. Mais, au bas de la côte, je vis se ranger en bataille, en arrière sur ma gauche, à 1,500 mètres environ, un escadron de cavalerie, masquant de l'artillerie; j'ordonnai au capitaine de ma batterie de faire mettre deux pièces en position, dont il dirigea lui-même le tir; une dizaine d'obus furent lancés avantageusement, auxquels l'ennemi répondit vigoureusement. C'est à ce moment que des fourbes m'accusent de m'être sauvé; sauvé où .... et en ont répandu le bruit dans nos contrées, tandis que j'ai essuyé tout le feu de la batterie ennemie, étant sur la route, à cheval, à quelques pas en arrière de ma batterie, sur laquelle la presque totalité des coups a été dirigée, ayant les zouaves à ma droite et la droite du premier bataillon de Seine-et-Marne à ma gauche, impassible sous cette grêle de projectiles, et ne recevant d'autres impressions qu'une profonde tristesse en voyant tomber à mes côtés mes zouaves et mes mobilisés des 1re et 2e compagnies du 1er bataillon; presque pas un des dix-huit blessés, dont douze mobilisés et six zouaves, n'a été touché à plus de trente pas de moi.

Sous ce sentiment pénible j'appelai le commandant des zouaves qui était à ma portée, le capitaine Villeneuve (il faut faire connaître les braves), en l'invitant à faire quitter la route à ses soldats, et à se défiler derrière un pli de terrain voisin. « Mon colonel, me répondit-il, laissons-les là, il faut qu'ils s'y habituent. » La valeur française n'est pas morte, elle se retrouvera à son heure; du moins, ce brave ne m'accusera pas, et, si je n'avais de la répugnance à faire appel aux corps des brigades que j'ai eu l'honneur de commander, leurs protestations seraient la condamnation et la honte des gens sans foi qui ont tenté de me couvrir d'opprobre.

Je dus faire cesser l'action de mes pièces qui, du reste, avaient complétement rempli le but, sur un nouvel ordre pressant.

Aussitôt mes pièces retirées, je prévins le capitaine d'artillerie de mettre en marche sa batterie, et je chargeai mon officier d'ordonnance, M. le lieutenant Trollet, de la légion, qui était à mes côtés, de porter l'ordre au commandant Vaudeville, du 2ᵉ bataillon de Seine-et-Marne, de faire l'extrême arrière-garde avec son bataillon. Je mis alors la colonne en marche et sans précipitation. Le feu de l'ennemi cessa presque aussitôt. Elle fut suivie, à distance, jusque près de Saint-Symphorien, faubourg de Tours, par des pelotons de cavalerie ennemie, mais sans être autrement inquiétée. Arrivé à la chute du jour à l'entrée du faubourg, j'arrêtai ma brigade, que je fis former en colonne serrée, avec l'intention d'y prendre position, mais bientôt je recevais du lieutenant-général l'ordre de descendre le faubourg et de suivre la marche de la 1ʳᵉ brigade, qui se rendait à Langeais par la rive droite de la Loire, où je suis arrivé avec mes troupes très-avant dans la nuit.

Sur cette funeste pente, la calomnie devait en descendre tous les degrés, et faire arriver aux plus stupides accusations ceux qui la caressent, et dont l'imagination machiavélique leur a suggéré cette atrocité de prétendre que j'étais au café pendant la bataille et que j'avais trahi. Des cafés, il n'y en a pas, que je sache, dans les plaines, ensuite je ne suis pas un homme de café. La vérité est que ce jour, 20 décembre, je suis resté quatorze heures à cheval, sans mettre pied à terre une seconde, de sept heures et demie du matin à dix heures du soir.

J'aurais trahi où, qui... quoi... La France! Aberration que je ne puis comprendre d'un Français, et les hommes de cœur, qui connaissent mes sentiments, savent combien j'ai en haine profonde l'étranger envahisseur pour jamais avoir la pensée de descendre à un forfait si ignominieux.

Une douleur plus poignante encore m'attendait et devait m'attrister et me remplir le cœur de dégoût. Ils osèrent, les misérables, pousser l'infamie jusqu'au vol, en prétendant que j'avais mis la solde des troupes dans ma poche, fondant cette machination sur les données suivantes :

Ayant dû quitter précipitamment le pays envahi, avec la légion en formation, la solde des troupes n'avait pu être assurée, le crédit non autorisé, pas de fonds, et, par suite, pas de paie possible, dont la responsabilité doit incomber tout entière à l'administration préfectorale, sous laquelle la légion était alors placée.

Néanmoins, il fallait faire vivre les troupes du 2 au 15 novembre inclus ; il a donc été indispensable de recourir aux bons de réquisition, imputables aux comptes généraux de la légion, sous bénéfice de rappel de solde pour ce laps de temps, sauf pour les officiers qui ont reçu et payé partout. A partir du 16 novembre 1870, la solde n'a cessé d'être perçue par l'officier payeur, sur des états réglementaires, réguliers, et remise régulièrement, tous les cinq jours, aux commandants de compagnies.

Ceux qui connaissent l'administration militaire savent très-bien que le colonel, comme tout chef de corps, ne reçoit rien du trésor, que les diverses soldes sont perçues par les soins des officiers comptables seuls.

Les calomniateurs s'acquitteront de leurs devoirs, s'il y en a de possibles pour eux, en interrogeant le major de la légion, chef de la comptabilité, le capitaine trésorier, et l'officier payeur qui ne m'a jamais quitté ; ces messieurs se chargeront de les confondre.

Je n'ai donc pas mis l'argent des troupes dans ma poche.

Calomnie horrible, affreuse, jamais un centime ne m'est passé par les mains, et, de plus, j'ai le bonheur, vu ces dispositions malveillantes, de n'avoir jamais passé ni participé à aucun marché.

Je suis ce soldat, ce citoyen, que des misérables ont osé outrager. Horreur ! Sans doute, j'aurais pu éviter un si long développement pour démasquer l'infamie, je n'aurais eu qu'à apprendre au public que j'avais fait révoquer un capitaine de la légion, pour avoir fui à ce même combat de Notre-Dame-d'Oé, et, de plus, que j'avais mis cette révocation, motivée, à l'ordre du jour. L'occasion était pourtant belle pour porter de telles accusations contre moi, si elles avaient eu leur raison d'être.

Amené sur ce terrain malgré moi, je veux faire toucher du doigt les sérieuses et heureuses conséquences de mes opérations militaires, afin de faire tourner à la confusion de mes calomniateurs le blâme et la réprobation qu'ils ont essayé de faire déverser sur moi, et ne relater que les faits principaux sans retracer toutes les péripéties de la campagne, qui a été dure pour nos mobilisés, placés presque constamment en présence de l'ennemi.

Je ne devais, ainsi qu'il est écrit dans l'ordre de départ, me rendre que dans la *journée* du 20 décembre au camp de Notre-Dame-d'Oé, distant de dix kilomètres de Tours ; mais comme on n'arrive jamais trop tôt, surtout à la guerre, je donnai à tous les chefs de corps de ma brigade l'ordre de marche qui fixait la réunion à huit heures du matin sur un point déterminé, et avant onze heures j'étais au camp.

Si je retardais mon départ de deux ou trois heures, la première brigade était complétement coupée par les quatre mille hommes, chiffre *qui m'a été révélé ultérieurement,* dont quatre escadrons de cavalerie — *uhlans et dragons* — et une batterie, que j'ai rencontrés devant moi. Cette colonne, qui avait été détachée du corps principal de l'armée et avait suivi la route transversale de Monnaie à l'Angennerie-Cerelles, s'était arrêtée au château de la Chute, où je l'ai rencontrée, massée et à cheval sur la route de Tours à Rouen, sur laquelle je me trouvais ; elle aurait eu parfaitement le temps de se porter, sans ma présence, et surtout si les éclaireurs ennemis n'avaient pas signalé l'arrivée de ma colonne, à la jonction des deux routes de Tours à Rouen et de Tours à Bayonne par Monnaie, à deux kilomètres de Saint-Symphorien, faubourg de Tours, et d'y prendre de fortes positions, en attendant l'arrivée de la première brigade, battant en retraite de Monnaie, à vingt kilomètres de Tours, où elle avait livré bataille, et à huit kilomètres plus avant sur ma droite du camp de Notre-Dame-d'Oé.

L'ennemi, en nombre et dans la situation la plus favorable, était maître de la totalité de la première brigade, qui se serait trouvée entre deux feux et sans issue possible, c'était un nouveau désastre à enregistrer.

D'un autre côté, si moi-même j'arrivais une heure, même moins, plus tard au camp, je trouvais à mille mètres du point que je venais occuper, les hauteurs de Chanceaux et ce village envahis par l'ennemi qui, à son aise, m'aurait accablé et mitraillé à mon apparition au camp, vu qu'il m'aurait surpris dans les conditions les plus défavorables à ma défense.

Déjà les tirailleurs ennemis, en groupes nombreux, n'étaient plus qu'à six cents mètres des hauteurs de Chanceaux, mais mes zouaves, que j'avais fait partir précipitamment, les occupaient et les attendaient avec assurance. Tous battirent en retraite après que j'ai eu fait canonner le gros des troupes massées aux abords du château de la Chute.

Il est donc évident que par mon départ matinal, par ma prompte décision et la vigueur que j'ai apportée à attaquer l'ennemi à la gare de Notre-Dame-d'Oé et des hauteurs de Chanceaux, en le forçant à la retraite, j'ai préservé la première brigade d'un désastre certain, d'autant plus compromise par ce mouvement tournant de l'ennemi, qu'elle était presque dépourvue de munitions, ayant combattu depuis le jour, et j'aurais moi-même pu éprouver un grave échec, si je n'étais arrivé qu'au moment de cette catastrophe.

Quand je rejoignis, à dix heures du soir, le lieutenant-général Pisani, mon général en chef, pour lui rendre compte de mes opérations et prendre ses instructions, je n'ai plus été étonné des ordres pressants qu'il m'avait envoyés pendant l'action, par estafette et à plusieurs reprises, d'effectuer ma retraite; j'ai compris sa sollicitude et son inquiétude en apprenant de sa bouche que nous nous étions trouvés en présence de seize mille hommes et de sept batteries — quarante-deux canons. Il redoutait de me voir à ce moment sérieusement engagé avec des forces supérieures, qui se seraient encore accrues successivement, et n'ayant plus la possibilité de m'appuyer.

Quelques jours après la bataille du Mans, des 9 et 10 janvier, nous arrivâmes à Saumur, où régnait une grande anxiété, et avec l'ordre de nous concentrer sur Angers et sur la Poisonnière. La ville de Saumur allait donc être abandonnée à elle-même; je ne cachai pas combien cette mesure était regrettable, d'autant plus que la ville pouvait et devait être défendue, et je réclamai cet honneur. Sa municipalité et son administration, dont les membres avaient le sentiment de la défense nationale et étaient décidés à tous les sacrifices plutôt que de laisser entrer librement les Allemands dans leur cité, en firent spontanément la demande, et l'honneur de défendre Saumur et de repousser l'ennemi, s'il se présentait, me fut confié.

Ainsi, grâce au concours de tous les services, de l'administration, de la municipalité, grâce surtout à l'énergie de leurs chefs, le maire et le sous-préfet, citoyens des plus honorables de la localité, et aux dispositions militaires que j'ai prises, avec l'appui de deux bataillons de gardes nationaux, d'une batterie de siége, d'une batterie de douze des mobilisables bien organisées, et de ma brigade avec une batterie, Saumur et les environs ont été préservés de l'occupation par les Allemands.

L'ennemi, qui s'était approché de prime abord, s'était replié ensuite, car, à la déclaration de l'armistice, honoré de la mission de me rendre aux avant-postes Prussiens, pour conférer avec le général Hartmann, commandant en chef de la deuxième armée allemande, sur la fixation des limites respectives et des zones neutres, et sur les conditions et les règles à observer pendant cet armistice, j'ai dû me transporter presque jusqu'à Tours où se trouvaient leurs avant-postes, et Luynes fut le lieu assigné pour cette conférence.

La vérité est toujours forte; néanmoins un cœur honnête, qui a la conscience d'avoir rempli courageusement, utilement et noblement sa mission dans cette guerre, saigne d'être obligé, pour défendre son honneur, de s'abaisser à réfuter de pareilles monstruosités. Serait-ce le système de la calomnie, l'arme déloyale des âmes viles, qui va de nouveau sortir de son hécatombe, afin d'écraser les honnêtes gens, et serait-ce la continuation de l'intrigue, de l'astuce, du mensonge et de la corruption par les *souteneurs* de ce pouvoir criminel du 2 Décembre 1851, qui a plongé la nation dans une décrépitude morale, qui l'a énervée et l'a condamnée à subir le joug de l'étranger.

Je ne redoute pas la critique, mais je redoute les Bazile, qui trament dans l'ombre de ces machinations dont ils ont seuls le secret, et qui font des blessures dont se relèvent péniblement ceux qu'elles atteignent. J'ai pleine confiance dans le bon sens et la clairvoyance du public pour faire pompte justice de ces atroces calomnies.

Château de Darvault, près Nemours (Seine-et-Marne), le 27 avril 1871.

Le Colonel, Commandant supérieur des gardes nationales mobilisées de Seine-et-Marne, et ex-Chef de la 1re brigade de la 3e division du 19e corps de l'armée de la Loire,

F. HUOT.

Melun. — Typ. A. Hérisé.

PLAN DU COMBAT DE N.-D. D'OÉ

(Indre-et-Loire).